Los animales viven aquí

La vida en el océano

por Connor Stratton

nivel 2
little blue readers en español

www.littlebluehousebooks.com

Traducción: © 2023 por Little Blue House
Título original: Life in the Ocean
Texto: © 2023 por Little Blue House
Traducción: Annette Granat

La serie Little Blue House es distribuida por North Star Editions.
sales@northstareditions.com | 888-417-0195

Este libro ha sido producido para Little Blue House por Red Line Editorial.

Fotografías ©: Imágenes de iStock: portada, 4, 7 (imagen superior), 7 (imagen inferior), 8–9, 11, 12, 15 (imagen superior), 18–19, 20–21, 24 (esquina superior izquierda), 24 (esquina superior derecha), 24 (esquina inferior izquierda); imágenes de Shutterstock: 15 (imagen inferior), 17 (imagen superior), 17 (imagen inferior), 23, 24 (esquina inferior derecha)

Library of Congress Control Number: 2022912225

ISBN
978-1-64619-695-1 (tapa dura)
978-1-64619-727-9 (tapa blanda)
978-1-64619-789-7 (libro electrónico en PDF)
978-1-64619-759-0 (libro electrónico alojado)

Impreso en los Estados Unidos de América
Mankato, MN
012023

Sobre el autor

Connor Stratton disfruta explorar nuevos lugares, detectar nuevos animales y escribir libros para niños. Él vive en Minnesota.

Tabla de contenido

delfín

Animales del océano

Muchos animales diferentes

viven en el océano.

Los delfines viven en el océano.

Las mantarrayas viven en
el océano.
Ellas tienen aletas grandes.
Los tiburones viven en el océano.
Ellos tienen dientes afilados.

mantarraya

tiburón

Las focas viven en el océano.
Ellas tienen bigotes largos.
Ellas pueden aguantar
la respiración durante
mucho tiempo.

foca
bigote

Las medusas viven en el océano.

Ellas tienen tentáculos.

Ellas no tienen cerebro.

Ellas no tienen ojos.

medusa
tentáculo

peces

Muchos peces

Los peces viven en el océano. Algunos peces nadan en grupos grandes.

Algunos peces son amarillos, y otros azules.
Algunos peces son de color anaranjado y blanco.

Algunos peces tienen rayas.

Algunos peces tienen manchas.

raya

mancha

ballena

Diferentes tamaños

Las ballenas viven en el océano. Las ballenas son los animales más grandes del océano.

Los camarones viven en

el océano.

Los camarones son pequeños.

Ellos tienen un caparazón.

camarón
caparazón

Las tortugas viven en el océano.
Ellas tienen un caparazón.
Las tortugas pueden ser grandes o pequeñas.

tortuga

Glosario

ballena

foca

delfín

tortuga

Índice